COSMIC GARDEN
VISION INFINITY

The Portal to Cosmic Consciousness

HOW TO HEAL
A GRIEVING HEART

靈魂小語
給失親者的話

《靈療‧奇蹟‧光行者》作者　朵琳‧芙秋（Doreen Virtue）

《走出哀傷》作者　詹姆斯‧范普拉（James Van Praagh）

攜手合著

張志華、駱香潔　譯

獻給我在天堂的摯愛
——朵琳・芙秋

獻給教導我如何去愛的靈魂
——詹姆斯・范普拉

園丁的話

人生，生離死別無可避免。

不論你來過地球多少次，每一次仍需重新經歷。

每一天，我們和身邊的人都在接近死亡，

也因此，我們都會需要這樣的一本書。

當所愛的人離世，事實上，

這世上不會有任何話語可以安慰和止痛。沒有。

地球也不會因任何人悲痛欲絕而停止轉動。不會。

日子仍然要過，因為你還有未完的人生目的，

還有需要你照顧和愛你的人。

儘管日子再煎熬，你仍需繼續。

或許唯一可以讓你想到他們時，內心會感到些許安慰的，

就是認知到擺脫了肉體束縛的他們，現在都很開心。

離世的親友摯愛，此刻終於不再受人間種種身心的苦，

而你們終會在另一個世界相聚。

或許，唯有以符合真相的認知才能稍稍緩解在世者的哀痛。

希望這本書，能稍解你的哀痛。

目次

作者序

我們都曾經歷過你的處境，因為失去所愛的人而傷痛不已，心口被撕裂一個大洞。二十幾年來，在我們各自的教學、寫作與諮商的過程中，我們幫助過成千上萬個遭逢傷痛的人，所以我們能夠體會你此刻的感受。

撰寫這本書的初衷，是回想我們自己的哀傷時刻，如果當時能有這樣的一本書，相信會很受用。透過這些文字，我們對你伸出雙臂，陪著你一步步往前走。我們提供的訊息和指引都是基於多年來的廣泛經驗，我們也祈求它們能撫慰你的心。

哀傷裡交織著許多情緒，不論我們說什麼，或說得再多，也無法使你愛的人復活。但是，我們確實可以協助你堅強地繼續人生。我們也可以幫助你理解為什麼你所愛的人會去另一個世界，以及你如何與

他們的永恆靈魂建立連繫。我們可以保證，沒有人會真正死去，總有一天，你們將再重聚。

無論你翻到哪一頁，那就是註定要給你的訊息。你不是非要從頭開始看起，因為本書的用意是提供一個撫慰心靈的避風港。請隨意翻閱。在閱讀書頁上的訊息時，允許你的心靈自在漫遊。

你不需要獨自走過這段哀傷的歷程！我們在為你祈禱，全球各地也都有很棒的哀傷輔導團體，有線上的，也有實體的。請讓我們在這段過渡期幫你一把，請接受我們透過這本書提供予你的祈禱與療癒訊息。

愛你的
朵琳與詹姆斯

蝴蝶般的日子

有些時日你翱翔飛高，
有時候你需要的只是休息。
請溫柔對待自己。
你正經歷人生的變化，
你必須給自己時間放鬆。

這個你所知的世界和人生不一樣了。
即使你很堅強，
也向來在每個人需要時陪伴大家，
現在，宇宙要你為自己想，陪伴自己。
請給自己休息、重新充電的時間，
在這些寂靜時刻，你也要再次提醒自己，
你是多麼美麗和獨特的存在。

上帝不製造意外，一切都是神聖的時機

當令人震驚的意外發生，
我們人性的部分並無法完全理解宇宙的運作。
因此我們會對上帝生氣，
我們問，祂怎麼可以這麼做？
但也許，在我們人類認知外的某處，
有那麼個生命的韻律，
還有靈魂可能必須實現的命運。

或許，我們最終能轉化我們的震驚、氣憤和痛苦，
就如那些在天上閃耀的群星，
還有環繞著太陽的行星，
一切事物都有它完美的時機與節奏，
有一天，這一切終將向我們揭露。

每個靈魂離開時，都留下了禮物

能和有品質的靈魂一起走過人間是受到祝福的。
你們看到彼此內在最棒的部份，
並且一起創造出永不消逝的獨特與特別回憶。
你曾和所愛的人分享哪些美好特質？
他/她美麗的存在如何影響了你的生命？
她/他留下了什麼美好的禮物，
幫助你用不同的角度欣賞人生？
因為他/她，你變得更好。
現在，你可以選擇與這個世界分享這些禮物。

時間只是我們再見到彼此前的座標

時間確實只是幻相，
因為我們內心的感受無法被任何時鐘衡量。
隨著你好好地過每一天，
時間將揭露過往沉澱的智慧與洞見，
你會對未來有更完整的理解與評估。
隨著時間過去，你意識到每一刻都是為了你的成長，
每一刻都在為你們的團聚準備....

當那天到來，你跨出「時間」之外，
你知道你在人世已表達完整的愛，
而回到另一個世界的你，也會感受到愛的最終極光輝。

傳送療癒的禱告到天堂

天堂向你傳送療癒的祈禱，你也可以回送天堂。
為已逝的摯愛親友禱告，送愛給他們，
請求上帝、耶穌和天使或你信仰的神佛
在他們過渡到死後世界時幫助他們。

讓靜默開啟你的心

所有的祈禱始於靜默。
讓自己有安靜省思的時刻，讓這個旅程帶你深入內心，
你因此聽見你的靈魂在對你說話。
唯有在靜默中，你才會真正找到你所尋找的洞見...
因為你的靈魂已經旅行了無盡的時間去發現、體驗、塑造..
然後創造出今日的你。

當靈魂開始暢所欲言，
你將見證你存在的真實本質。

話語是強大的路標；它們告訴宇宙，
我們靈魂渴望的方向。

很多時候，感受只能用文字表達。

當我們寫封信，寫首詩，或就只是寫篇日記給已逝
的摯愛親友，這些字裡行間的純淨、意圖與情緒，
賦予了文字生命，並傳送到靈界。這些文字不只是
向你的靈魂家庭、指導靈和天使，重申你對他們的
愛與感謝，這些話語也會以一種有趣的方式，啟動
一條清楚且明確的路，幫助你的靈魂在持續的療癒
和洞察旅程中，朝靈魂想要的道路前進。

和大自然連結就是與神交流

到一個能令你內心讚嘆大自然的神奇地方。

大自然是上帝的天然療癒室,它是設計來甦醒你的
靈魂,並提醒你,你和宇宙裡的一切事物相連相
繫。在這些神聖的戶外空間,介於不同世界之間的
那層帷幕變薄了,你能夠融入生命的節奏,並和所
有神聖本質的生命交流。讓大自然的神聖開啟你的
心,感受全體生命分享予你的美好事物。

生命裡唯一不變的就是改變

就如潮起潮落，日出日落，
生命裡的每個季節總是來來去去。
生命是變動的，變動就是生命。
透過變動，我們才能清楚評估這一路是如何走來，
現在在哪裡，下一步要往哪裡去。
透過變動，我們對自己的成長有了適切的見解和觀點。

沒有任何事物會永遠不變，
但我們可以在每個經歷的改變裡找到喜悅和愛。

有多少愛，就有多少哀傷

絕對不要相信任何人告訴你，你應該哀傷多久。
哀悼沒有規則可言。
哀傷，就像愛，無可測量。
沒有人的愛是一樣的，
也沒有人的哀傷是相同的。
有些人會公開表露他們的悲痛，
有些人只保留給自己。
哀傷在人性和靈魂層面都是非常個人的事。
淚水淨化靈魂，而哀傷，確認你內心感受到的愛。
請放心，
你的心和天堂的無形存有將協助你轉化到新的人生，
而那個人生充滿了不斷增長的愛與不斷進化的體驗。

靈魂永遠不死

根本沒有死亡這回事。死亡是幻相。靈魂永遠不會受到傷害，也沒有任何事物可以消滅你存在的光。許多人相信，當肉體生命結束，他們就不再存在。沒有比這個更偏離真相了。沒有死亡這回事，同樣的，當到了另一個世界，那裡也沒有譴責。你只會覺察到你的靈魂因為所需要的體驗而有的選擇。當靈魂回到了家，不再受到世俗心智的限制，靈魂將重新恢復它完整的榮光，並繼續活在上帝的永恆能量裡。

從沒有人是孤單地死去

就像你進入這個實體世界時，有別人歡迎你一樣，當離開這個世界，你的靈魂家庭、天使和指導靈，也都在等候並歡迎你。你在人世的每一個時刻，他們都陪伴著你，並且一直期待你釋放身體軀殼回去的那天。他們計劃並準備迎接你的抵達，那些你渴望相聚的人也都會在你身邊，鼓勵你更靠近他們的世界。他們會灌注難以言喻的平靜和喜悅到你的心裡，一切將呈現完美和自然有序。這就是團聚的時候了。你會明白你之前穿越了次元間的帷幕，而現在，你終於回到家了。

溫柔對待自己

你流的淚，開啟了你的心。
你的心現在是赤裸的，
並且對能量格外敏感。
因此在這個時候，
只和那些你能信任的、溫和的人在一起，
只讓自己處在和善的環境就特別重要。
找時間小睡，呵護自己，按摩放鬆；
允許自己發呆、省思，好好照顧自己。

你可以放心哭泣

淚水是上帝給予我們的禮物，它洗淨我們靈魂的傷痛。不要忍住淚水，不然你抑制的強烈情緒將以不健康的方式呈現。每個人都會哭泣，允許自己哭泣非常重要，即使是在不適當的時候。

淚水使你們真實，讓他人能夠接近，淚水告訴世界，難過的時候，感到哀傷和表達哀傷並沒有關係。你的淚水在這時象徵內心的堅強與自信。

你無法改變過去..放下吧！

當你回想失去所愛的事件經過，不禁懷疑自己如果作法不同，他／她是否就依然在這世上。有這個想法是很自然的。你甚至可能會懊惱自己做錯了。這個過程叫「討價還價」，這是哀傷的正常過程。

然而，一再執著於過去，並不會讓你愛的人死而復生，而且無助於任何人和任何事。這只是浪費時間與能量，而你大可將這個時間和能量用來構思一場追思會，也或許成立基金，好讓其他人不再經驗到類似你的傷痛與懊悔。好好想想，你想如何紀念你愛的人。是用無意義的悔恨，還是正面的行動？

**你愛的人沒有死去，
他們只是轉變為其他形式。**

天堂不在遙遠雲端的天上，
它與地球平行，存在於一個較高的振動頻率。
就像同在選台器上的廣播電台或電視頻道，
它們彼此相臨，但是在不同的頻寬。
同理，你的已逝摯愛就在你身邊。
他／她的存在就有如頻率。

每個人都有自己獨特的振頻，
就像每片雪花都是獨一無二。
因此，當你想起你的已逝摯愛時，
請相信，那就是他/她正在你身旁的信號。

蝴蝶、鳥和蜻蜓

你愛的人會從天堂送來徵兆，通常是以有翅膀的生命來表示，像是蝴蝶、鳥、蜻蜓或蛾，因為這象徵他們如天使般的飛去天堂。這些會飛的生命傳達你是被愛、被看顧和被保護的訊息，而你愛的人很平安，他們現在快樂地在天堂。有時候，你甚至看到的是他們喜歡的特定鳥類或蝴蝶，你因此更能毫無疑問地知道，他/她，還有他／她的愛，一直在你身邊。

愛之歌

當你聽到一首特別的歌，令你想起已逝摯愛，請允許自己暫停手上的事，停下來，閉上雙眼，深呼吸。音樂是天堂與人間的橋樑，歌曲就是他們傳遞給你的愛的訊息。如果有首歌觸動你，讓你想哭...就讓淚水流下，即使你覺得顯露情感很尷尬或時間不恰當。音樂開啟你的心，你因此感受到天堂的愛朝你湧現。它同時也幫助你確認了你內心的愛，永不枯萎。

「我們會一起度過」

靈魂會從他們的世界來到你身邊，分享你的每個希
望、期待與夢想。他們清楚聽到你的想法，並會為
了你最高善的利益試著影響你。

他們會陪你走過每一步，並試圖讓你知道生命並沒
有結束..只是不同了。他們會透過各種可能的機會
提醒你，他們在你身邊，他們陪伴著你。沒有人是
孤單的。

死亡不會痛苦

身為人類，我們必須開始了解死亡本身並沒有什麼好恐懼的。當靈魂離開肉體載具的時候，那個過程確實沒有痛苦。這點已透過無數的瀕死經驗證明。死亡那刻立即感受到的是自由。靈魂不再體驗到身體在死亡前的所有不適。

每一次死亡都是極度愉悅的誕生，誕生在一個更高的覺知與存在的次元。

釋放你的傷痛

作為人類，我們在這個稱為「地球」，充滿了極度艱難的人類課題的教室裡學習。

哀傷是其中最困難的課題之一。失去所愛帶給我們挑戰與痛苦，但我們絕不要忘了這些困難的課題也是我們藉以在靈性進化的課程。痛苦無法定義或限制你，你所感受到的痛只證明了你的愛。絕不要壓抑你的痛苦，因為你需要經歷這個過程才能完整體驗並走出哀傷。

懷疑和震驚都是正常的

你可能感覺自己像是來到一處陌生地的陌生人。你的
整個世界翻覆了，沒有人可以讓它回到「正常」。
你甚至可能覺得你的生活變得機械化，而你只是行
屍走肉。

震驚總是伴隨著懷疑，因為我們太習慣生活裡有他
們，習慣以舊有的模式生活，因此當事情有了變
化，我們不想相信。有時我們甚至會否認好一段時
間，只為了不讓新情境成為真實的生活日常。這些
都是正常的反應。

請記得，一天、一天的過。要瞭解此時的你對於生
活的改變仍然非常敏感和傷痛。

失去後，你知道了人生的優先事項

由於失去某人，我們被迫重新調整生活並因此體會什麼對我們才是重要的，什麼不是。運用這個傷痛的經驗看看周遭的世界，誰在支持你，誰又不是。你人生中有沒有什麼是你一直想實現，卻仍然沒去做的事？現在就是開始嘗試新事物的時候了。這些領悟轉變了我們的覺知，它提醒我們，我們只是在向這個人世借用時間，有一天我們都會回去天堂的家。

真正重要的，是我們留下了多少愛給這個世界。

憤怒是人性的一部份

當經歷喪親之痛，感覺沒有力量和失去控制
是正常的。這是因為我們無法控制死亡，我
們總希望可以做些什麼來預防這不可避免的
事。很多時候，我們會對那些我們覺得可以
防止事情發生的人感到氣憤——我們甚至會
對上帝生氣。我們也氣自己，想著如果我們
怎麼做了，就可以阻止它的發生。然而，你
愛的人最不想看到的，就是你對自己生氣

困惑是正常的

什麼事都不對勁，你無法清楚思考，因為這個事件來得太突然，你深受打擊。

不，你沒有發瘋。每個經歷過痛徹心扉的喪親之痛的人，都有過這樣的體驗。

你們可能經驗到記憶的喪失，失去時間感，甚至完全不知道自己身在何處的困惑。隨著時間過去，這些也都會過去。但在最初，感覺就像萬念俱灰。要記得，你不是孤單一人，記得這點很重要。每一天，這世上有成千上萬的人在經歷跟你一樣的感受，你可以跟他們說說話，你可以向哀傷支持團體要求協助；終有那麼一天，你的生活會回復正常。

哀傷是難以控制的旅程

哀傷的情緒像是坐雲霄飛車。你不確定什麼時候會轉彎，會墜得多深。它是突然和駭人的，你就像完全失去了控制。這一刻你可能微笑，下一刻卻無法抑制地哭泣。不幸地，哀傷的本質就是不受控，任何時候都可能升起意想不到的情緒和反應。無論如何，最重要的是記得，你很強壯，而最終，這個旅程也會結束。

「我從不知道我會這麼哀傷」

哀傷是失去所愛後體驗到的最強烈情緒。

哀傷的旅程把我們帶到情緒低谷和絕望的深淵。我們感覺像是無法脫離傷悲，而且無法跟任何人傾說。我們意識到再也見不到所愛的人，也無法一起分享生命中甜美的時刻。我們對生命質疑，並且不斷問為什麼？然而，經歷了哀傷，我們也必然會領悟到既然我們還活著，一定有那麼個目的。請承諾你會實現你的人生目標，以此來紀念你愛的已逝親人；去做會帶給你開心和喜悅的事，讓它們取代你的悲傷。

人們會說不得體的話

對大多數人來說，最不受歡迎的主題就是死亡。這
讓他們不自在。因為大多數人都恐懼死亡。大多數
人會說他們了解你正經歷的哀傷，但事實上，他們
並不完全了解。為了讓你覺得好過，人們可能會說
出不得體的話，雖然他們說的並不恰當，但他們是
真心想幫助你，他們只希望你沒事，希望一切都回
到正常。請明白他們的動機是出於愛。即使是愛
你的人，有時也無可避免的會表現得不得體。

「我太敏感了，我無法承受」

在哀傷期間，你可能會覺得自己無法再承受下去了。每個反應和情況好似都被放大。一切都不再跟往常一樣。你超級敏感，對那些來到你的空間並企圖改變的人完全持警戒心態。這是正常的。你需要感到自在，需要對事物有熟悉感。去盡情做你喜歡的事吧，這會讓你覺得重新掌控生活。

也許是時候學習如何要求協助了

許多時候，哀傷迫使我們記得要求協助是好事。

有時兩個人確實會比一個人好。就算只是有人聽你說話，都會有幫助。

永遠不要覺得你必須獨自面對，因為你不是。朋友們永遠會願意在你需要時陪伴，只是有時你可能需要引導他們對話。你會因此發現你們的友誼更緊密了。記得，這也是給另一個人透過這個經驗學習和分享的機會。

你所認為的結束，只是開始。

這個世界的最大幻相就是死亡。我們以為所愛的人死了，在肉體層面是的，但在靈魂層面，他們才剛開始旅程。他們更輕盈、更擴展，比在這裡的時候感受力更強。現在他們能夠影響我們去做對我們靈魂本質最有益的事情來協助我們，他們的離開迫使我們去探索生命的大哉問，而透過這樣的探尋，我們也許會發現生命把我們帶到一條啟蒙之路，引導我們去瞭解從未想過可能知道的洞見。

靈魂真正的本質並不屬於地球

我們是擁有肉體經驗的靈性存在體。當靈魂
來到地球,我們試圖把靈性的傳承使用在人
類的經驗裡。我們的部份任務就是記得靈魂
的語言——直覺。當具有這樣的認知,我們
就開啟了通往神聖源頭之光的大門,而這個
能量將轉變我們生活裡的一切。透過與我們
的靈魂本質越來越調諧一致,我們會更了解
將在這個人世遇到的阻礙及其意義。

跌倒是為了要再站起

人生沒有什麼是完美的，甚至死亡也會在最不恰當的時候到來，破壞原本的生活，在我們的世界造成混亂。大部份時候，它讓我們氣憤，我們不再感到安定。

然而，每個新的情境都是學習的經驗，而慢慢地，小心地，我們一定會度過。

哀傷也是一樣，它雖然在我們的生活中曾擊倒我們，但最後，我們都將再次站起，面對新的人生。

挑戰越困難，我們越要努力去克服

一開始，哀傷令人極度痛苦。
自那刻起，我們的世界陷入混亂。
我們企圖抓住任何能抓住的東西，
只要能讓我們度過痛苦和傷悲。

當處在生命最黑暗的時刻，
我們像是被迫要進入存在的核心，
去發現我們尚未發現的力量。

在你的內心有一把鑰匙，你可以用它來開啟，
來解開人類戲碼裡最艱難的挑戰。
你的心裡存藏著許多世的靈魂經驗，
這些經驗便是在你遇到人生最困難挑戰時，
供你汲取使用。

遺物的療癒力量

當手上拿著讓你想起已逝摯愛的遺物,你感到安慰。那也許是有著他/她獨特氣味與能量的衣物,或是牽引你們倆人在一起的某樣東西。你甚至可能在睡覺時把它放在身邊,感覺他/她就在身旁。雖然那個遺物無法把他/她帶回你的生命,但確實能幫助你連結你們倆人之間的永恆的愛與契合。

和已逝摯愛跳支舞

放上你最喜歡的音樂，閉上雙眼，
在心裡與你的已逝摯愛跳支舞。
隨著音樂和舞步，
你會清楚感覺到他/她的出現，
你們都喜歡透過音樂的療癒橋樑相聚。

節日仍然是特別的

你愛的人仍會出現在所有節日和特別的場合。你依舊可以紀念他／她的生命和回憶，讓那一天更特別。譬如說，包裝一個充滿愛與祈禱的盒子，放在聖誕樹下。你們可以儀式性的「一起」打開，你會感應到他／她的感謝。此外，也可以在畢業典禮或婚禮時為他／她留個位子，並繼續慶祝他／她的生日。

在你最沒預期的時候...

某件事、某樣東西
會讓你突然想起已逝的摯愛親友。
你可能會在一封電子郵件看到他/她的名字,
或是在電視上看到你們曾經一起看過的電影。
這,就是來自天堂的愛的訊息。

你們曾經計劃一起做些什麼？

你們都夢想要搭乘地中海郵輪？
你們聊過要一起學法語？一起整理家庭相簿？
你還是可以做這些事，
當作是用全新的方式分享你的愛。

你的人生依然繼續，
而你愛的人絕對會希望你朝夢想採取行動，
他們希望你的心是喜悅的。
不論你是否邀請另一位好友一起搭遊輪還是獨自去，
要知道，你愛的人都將陪伴你同行。

紀念你愛的人

你在天堂的朋友和家人感謝你以慈善的方式紀念他們。

當你種一棵樹,為一個星星命名,捐款,或是以他們的名義成立基金會,你就是給了一份禮物;這份禮物讓他們的回憶和能量能夠繼續留存人間並幫助他人。

處理家庭成員的情緒

每個人處理哀傷的方式都不同。

有時哀傷者的行為造成傷害，那是因為他們受傷了。你的家人可能會因為遺產、房地和葬禮的安排起爭執。在你要爭論或選邊站之前，先問問自己，這些事到底對你有多重要。你也許會意識到你的氣憤其實是哀傷的一種反應。因為意見的分歧和爭論而擴大原本的喪親傷痛並不值得。

透過創造來療癒

失去所愛而感受到的混亂情緒可能令你覺得困惑。這些情緒包括憤怒、手足無措、震驚、愧疚和恐懼。這些情緒的能量很強大，它們需要一個出口，才不致停留在你心裡，以不健康的方式煎熬著你。

透過一些能表現創造力的活動，譬如寫作，寫日誌、做手工藝、繪畫、寫詩、音樂、舞蹈和插花，這些都是釋放被抑制情緒的出口。雖然你可能不覺得自己有創作的心情，記得，許多傑作都是藝術家將他們的焦慮與憂傷傾注在創作時所誕生的。

從悲傷中喘口氣

最初，聽到讓你想起已逝摯愛的歌，就如凝視照片和其他遺物，你覺得你們很親近。但到了某個時候，當這些令人傷感的東西讓你太過憂傷，難以負荷，你就知道是要從悲傷抽離，讓自己暫停哀傷的時候了。

在這些時刻，允許自己把照片暫時拿開，讓自己專注在能夠鼓舞和提升你心情的事物上。當你覺得自己比較堅強，更療癒時，隨時可以再把那些具有紀念意義的東西歸位。

種下你的愛，讓愛成長

種一棵樹，一些花朵，照顧一座花園，也是紀念所愛的人的方式。園藝本身就是療癒，而且當你在戶外的自然環境時，你能更清楚感受到他們的存在，聽到他們傳遞給你的訊息。

失去改變了一切

有時我們需要透過悲劇才會知道什麼是生命中真正重要的事。哀傷會讓你開始質疑一切，而你可能會很想在生活中做出重大改變。

重新評估生活是健康的，因為失去讓我們知道什麼才是重要的。無論如何，要注意那些因為強烈哀傷而可能做出的衝動與魯莽決定。如果過了兩、三個月，你仍然想做出巨大改變，那你就知道你的感覺是明智且實際的。

放掉愧疚

因所愛的人逝去而感到愧疚是正常的，你會不禁想，你當時如果怎麼怎麼做就不會這樣了。你可能也會對你感受到的某些想法和情緒有罪惡感。比如，你可能會氣他/她為什麼離開你，或氣自己沒能好好照顧她/他的健康⋯如果你對於氣憤一個已在天堂的人並不舒服，這些感受會讓你覺得罪惡。請明瞭，你以抗拒和怨恨來適應你面臨的新處境是完全正常而且可以理解的情緒。無論如何，不要將這些強烈的情緒放在心裡。和天堂談談你所有的感受，並且相信，不論你感受到什麼，那都是你療癒過程的一部份。

天使愛你

你的身邊現在就有守護天使，祂們無條件愛著你。祂們是我們的創造者分派給我們每個人的天界存在。你可以跟你的天使談任何事，祂們絕不會評斷你。天使們能夠提供協助，幫助你在情緒、睡眠、健康，以及喪親之痛的所有面向。然而，由於自由意志的法則，祂們只能在你要求下協助。怎麼要求不重要，只要你要求。天使們跟無限的神聖智慧合作，提供很棒的解決方案，所以你無需擔心你的要求會如何被回應。只要請求協助，然後全心相信上帝和天使會以神聖的完美方式幫助你。

睡眠與療癒

失去親人會影響睡眠品質與模式，你也許懷疑自己還有沒有可能一夜安眠。你會的。

剛失去親人時，經常驚醒或做噩夢都是正常的。這是你無意識心靈的療癒過程，它釋放對死亡、遺棄與失去的深層恐懼。請盡量不要借助藥物入睡，這無法幫助你達成你所尋找的寧靜與平和。健康的生活方式加上（若可以，在諮商師的協助下）清醒面對恐懼，能使你一夜安眠，幫助你身心的恢復和療癒。

可怕的想法

當你失去對你意義重大的摯愛，你也許不想繼續過沒有對方的生活。你或許會生出隨對方一起去天堂的可怕念頭。偶爾有這樣的想法是正常的，但如果你有任何傷害自己的具體想法……請停止並立刻尋求專業協助。你的生命目標尚未達成，而且你的家人需要你。當你離去的時候到了，你會在天堂與心愛的人重聚。我保證！

提升你的能量

哀傷是最耗損能量的體驗之一,所以你經常感到疲憊並不奇怪。如果你對生活的熱愛消失,提不起勁起床,你不是唯一這樣的人。這些現象是失去對自己意義重大的人而造成的影響。你也許只想賴在床上,這樣就不用獨自面對新的一天。

尊重這些感受,休息個一兩天,不要有罪惡感。但不要忘了,如果沖個澡、換上衣服、走出家門,你會覺得心情好上很多。雖然你可能覺得自己還沒準備好要面對社交活動,但光是到附近的公園餵餵鳥,或是曬曬太陽,呼吸新鮮空氣,心情會開朗許多。

集中注意力

你現在的茫然無措，是哀傷期間重整生命的過程。你可能變得健忘，連簡單的計畫都無法好好完成。不要急，做每一件事都慢慢來就好，即使你覺得自己慢吞吞也無所謂。把待辦事項寫下來好幫助自己記得，把出門需要帶的東西放在門口。把車鑰匙、皮夾和眼鏡放在同一個地方，以免找不到。

記得，這一切只是生活發生重大變化後的暫時現象。如果你又忘事，請多愛自己、包容自己，告訴自己你已經盡力了。

這次的失去可能引發過往的傷痛

如果過去的哀傷不曾完全療癒，那些傷痛很可能會因這次的失去再度浮現，使得你體驗到的感受更加複雜與強烈。你的情緒會像雲霄飛車般起落，不受控制。這意味你要徹底做一次處理好你對生命裡重大失去的情緒。這很像是你終於要大清掃衣櫃或儲藏室：雖然不好玩，卻是讓生活井然有序的必要方式。幸好現在有很多合格的哀傷諮商師能在這個過程中提供協助。如果你很幸運，剛好有信任的朋友經歷過哀傷與療癒——你有位天使在身邊幫助你。

當我們逃避哀傷，我們也逃避了生命

失去所愛是生命的一部分，沒有人可以對哀傷免疫，我們都會因此傷悲或情緒起伏不定。對你來說，最好的作法是接受哀傷，努力度過每一刻。儘管現在好像痛到難以承受，將來回頭看的時候，你一定會發現，這段經驗也為你帶來正面的領悟。反之，逃避哀傷對生命所造成的衝擊卻會超乎你的想像。

活在愛裡，而不是恐懼裡

離開身體之後，我們會立刻在每個生命粒子裡感受到宇宙的愛。我們會知道生前的恐懼是如何限制了我們的視野，並導致我們無法擁有完整的體驗。讓失去的經驗提醒你，你是永恆的愛的存在，你真的無需恐懼任何事。

創造美好的想法，因為靈魂正在看

我們的想法時時刻刻都在創造我們的現實生活。最清楚這點的，莫過於已在靈魂世界的摯愛親友。記得，他們永遠知道你的想法在創造怎樣的實相……所以你送到靈魂世界的想法，應該是你覺得光榮的。

張開雙眼，看見靈魂的光

白天的時候，盡量讓眼睛去看周遭的美好事物。可以是一朵花、一朵雲、任何自然的景色。然後花上幾分鐘，嘗試感覺你愛的人就站在你身邊，而且沐浴在金色的光裡。你們的眼中都看到最棒的對方。

不要壓抑哀傷……釋放你的感受

允許自己在失去時感受哀傷，對你日後的身心健康
非常重要。但你不必催促情緒，就讓哀傷自然流
動，以你自己的步調度過。絕不要去擔憂別人對你
的哭泣或難過有何看法。他們的意見與你無關。哀
傷是非常個人的事，也是健康的經驗。

心在哪裡，愛就在哪裡

你和所愛的人一起創造的生活回憶，時時在你心
中。這些記憶永遠與你同在，不會消失！你隨時可
以回味，重溫這些美好、快樂和獨特的共有時刻。

讓此刻成為你改變的契機

每一天,生命都為我們帶來反思、內省和選擇的時刻;我們可以選擇是否要用相同的方式生活下去……或選擇做出必要的改變,豐富我們在地球的人生。

仔細觀察失去的經驗帶來哪些契機。把握這些契機。你不會再有機會身處當下的這個特定位置。

在每個重擔裡找到祝福

你一定聽過「每朵烏雲都鑲著一條銀邊」這句話（烏雲背後總有一絲光芒，意味黑暗中總有一絲曙光）。

確實如此。在每一個看似「負面」或悲傷的經驗裡，總是伴隨完全相反的一面。很多時候，我們的靈魂會被考驗，就看我們是否能找到隱藏的祝福。

你永遠都有能力寬恕

很多時候，當我們失去某人，我們會發現自己被迫去原諒對方、原諒別人，甚至原諒導致對方離世的情境。

寬恕確實是你送給自己的禮物⋯⋯因為透過寬恕，你釋放怨恨與報復的念頭。當然，你也許永遠忘不了那個經驗，但至少藉由寬恕，它不會繼續糾纏你，而你也能開始專注在人生中更正面的事。

在每個重擔裡找到祝福

遭遇喪親之痛時，請記得，別人可以是你療癒之路的重要角色。讓他們協助你、為你分擔並照顧你。很多時候，透過他人的悲憫與關心，哀傷的旅程會較容易理解和度過。每個人都會經歷失去的傷痛，因此你永遠不知道誰會說出你正需要的那句減輕心頭負荷的話。

平靜的心是快樂的心

我們每天都被外在的刺激轟炸。今天的世界有太多消耗我們心思的事物。我們擔心的事愈多，心靈就愈難平靜。平靜的心能使你保持冷靜、快樂，生活更有效益。在這段哀傷的期間，儘可能不要「想」太多。遠離電話、電郵，甚至不要說太多話。讓你的心靈進入自在與放鬆的狀態。

你的靈性家人一直與你同在

你愛的人到了較高的次元並不代表他／她已經忘了你、對你的人生不感興趣。恰恰相反。脫離了肉體的他們，現在透過思想就能與你在一起。你愛的人對你和你的渴望更能覺察，他們將繼續和你分享生活，只是換了一種方式。

靈魂的教室

為了學習各種靈性成長的課題，靈魂可以選擇回去學習的學校很多，地球只是其中之一。我們在這裡學習寬恕、慈悲，當然，還有愛，這最難完全掌握和領悟的課題。一旦我們瞭解了這些課題，我們將名列前茅。如果這些挑戰不是為了成長，一開始我們就不會有必要去學校了。

業力並不是懲罰

遺憾的是，「業力」這個詞已帶有負面涵義，我們對它的真正意義幾乎並不瞭解。業力事實上是覺知到我們對於創造和送到宇宙的一切都負有責任。業力是我們思想與行為的直接結果。你可以把它想成是一種「能量」，你送出怎樣的能量，就會如實體驗到那樣的能量。如果你投射愛，就會得到愛。所以業力是好是壞，要看你選擇如何使用你的能量。

靈魂構築你的夢境

靈魂讓我們知道他們依然與我們同在的最常方式之一，就是出現在我們的夢裡。這種夢跟平常的夢截然不同。他們在夢裡通常顯得極度「真實」，不論是情緒還是身體層面⋯⋯因為那個夢確實是真的！當我們睡著後，我們的靈魂會跟我們所愛的人的靈魂在靈魂世界「會面」。大多時候，意識並不記得。這樣的夢境印象往往提醒我們和他／她之間的情感連結有多強烈。

你永遠無法做好準備

無論是突然失去，或是因久病而在意料中的失去，
你永遠無法真正做好向所愛的人道別的心理準備。
就算你知道他們去了更好的地方，而且不再感到痛
苦，你依然很難接受自己再也不能隨時打電話給他
們的事實。你現在必須等到自己的生命結束後才
能與他們相聚。但好消息是，你愛的人確實看得到
你，而且經常探視你；在你需要幫助，在你進行你
們以前常一起做的活動時，還有到你的夢境。請溫
柔對待自己脆弱的感受；你現在的經歷都是療癒過
程的一部分。

不要鑽牛角尖

哀傷期間，你或許會經常發呆，想著已逝的摯愛。你或許會過度擔心你愛的人過世時有沒有受苦。你的理智會想捉住每一條線索，尋找真相。遺憾的是，無論你再怎麼鑽牛角尖，也無法讓你愛的人起死回生，或是讓你得到你想要的心靈平靜。鑽牛角尖是往下沉陷的漩渦，只會吸引更多負面能量。你愛的人已在天堂，他們不會希望你鑽進負面想法裡。相反地，他們希望你盡情享受生命。因此，請把你的煩惱、疑慮與擔憂，透過禱告交給上帝與天使：「親愛的上帝，請幫助我釋放恐懼與擔憂，讓我活出充實的人生以紀念我愛的人。」

「早知道就⋯⋯」和其它悔恨

請不要在心理上對自己那麼嚴厲，苛責自己沒有做那件你認為應該做的事。是的，當初你或許可以多去探望對方，說出你心裡的話，告訴對方「我愛你」；那天你可以開車，或做很多其他的事。但悔恨無法讓你愛的人復活。請把悔恨當成人生的教導，幫助你不再重蹈覆轍。意識到在人生的每個時刻，你都是基於當下自己所知道的盡力而為。把悔恨導向正面的方向，譬如與他人分享自己的體會和領悟。

填補虛空

如果你的心靈感到空虛，你覺得沒有任何人或任何事可以取代你愛的人，那麼，你有兩個選擇：你可以帶著這個空洞活下去，或是，採取行動，用新作法填滿空洞。希望你選的是第二個選項，因為你還有好多年的人生，何不好好生活。你過得悲慘不會讓你愛的人感到驕傲；你的幸福才會！因此，開始接受聚會、社交跟活動的邀約吧，就算你必須強迫自己。你的心很快會被不一樣的愛填滿。

你的日常慣例將持續…

你跟你愛的人習慣一起做的那些事，現在都變得不一樣了。你也許會刻意避免那些活動，也許是獨自卻失神地做，也或許你會另找其他同伴。要知道，你愛的人雖然去了天堂，他們依然會在特別活動時陪伴你，只是現在是以非實體的新方式。

當感受不到愛的人在身邊

當你聽到和讀到有人與他們已離世親友的接觸經驗，你忍不住會問：那我呢？如果你不曾感受過他們能量的存在，請不要灰心。這不表示你被遺棄或不被愛。通常這意味你愛的人正在進行他們很需要的自我療癒。每個人到天堂後都有不一樣的路，因為每個人的靈魂成長都不同。例如，有些人不相信死後還有生命，因此當他們發現死後意識依然存在，可能會很震驚。他們必須在死後世界好好靜

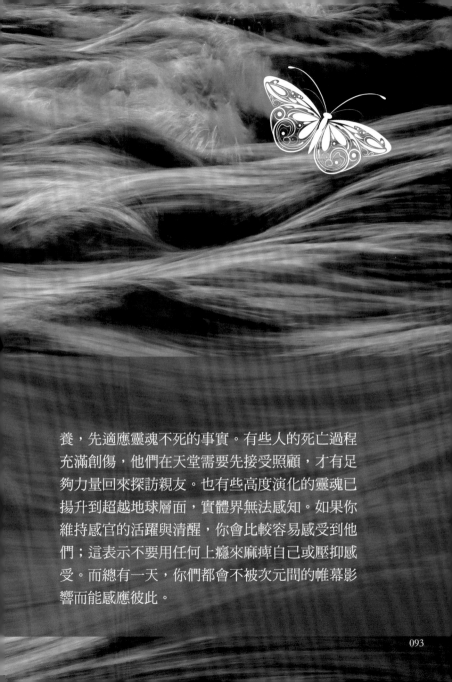

養，先適應靈魂不死的事實。有些人的死亡過程充滿創傷，他們在天堂需要先接受照顧，才有足夠力量回來探訪親友。也有些高度演化的靈魂已揚升到超越地球層面，實體界無法感知。如果你維持感官的活躍與清醒，你會比較容易感受到他們；這表示不要用任何上癮來麻痺自己或壓抑感受。而總有一天，你們都會不被次元間的帷幕影響而能感應彼此。

閃爍的燈光與其他「打招呼」的方式

你愛的人會慢慢知道如何與實體世界互動，傳送信號給你。這包括攔截電子訊號，透過電視螢幕閃爍的光告訴你：「哈囉，我在這裡，我愛你！」靈魂也會透過電話跟你打招呼，你會看到他們的用戶身份顯現在電話或手機螢幕。現在天堂傳送愛的訊息跟信號的方式也很高科技！

當痛苦難以承受……

你愛的人離開了，隨著你逐漸意會到這個事實，你
可能會因太過痛苦而不知要怎麼活下去。親愛的，
你一定可以，你也必須活下去。此時此刻，有很多
人依賴你。你內心具有直接來自上帝與天堂的力
量。現在就召喚這股力量。深入自己的內心，發揮
力量，然後繼續活出你的存在意義與使命的人生。
承諾自己，你要協助那些跟你有同樣經歷的人，你
會應用你在痛苦中學到的領悟幫助他人。

「上帝為什麼不回應我的禱告？」

為了留住愛的人在這世上，你不斷不斷地禱告……但他們終究還是離開了。當某人的生命到了關鍵階段，天使會讓他／她選擇返回天堂，或繼續留在物質身體裡。雖然選擇上天堂似乎是令人難以相信的決定，但對你愛的人來說，留在肉體裡或許是更痛苦的選擇。譬如，他們可能不想繼續麻煩你照顧，或他們知道自己的逝去能激發你的靈性成長。上帝無法干預個人的自由意志。我們都需要祈禱上帝賜予我們恩典並幫助我們接受所愛的人做的選擇，因為那是他們覺得最好的決定。

你的毛小孩知道！

如果你的狗對著牆壁吠叫，或是貓咪發出生氣或害怕的嘶嘶聲後跑開，這是因為動物是天生的靈媒，牠們能感應到你已離世親友的出現。對你的寵物來說，靈魂的能量就跟實體的能量是一樣的。牠們能感應能量，所以你的狗會對訪客吠叫，或對熟人親切搖尾巴。寵物知道我們的靈魂永遠不死。

寫一封給天堂的信

天堂聽得見你的想法，感應得到你的情緒，但你如果透過寫信來整理和抒發感受也有助療癒的過程。你可以用紙筆寫，也可以打在電腦。你可以問天堂任何問題，你也一定會「聽到」以想法、感受、腦海的畫面、徵兆或出現在心中的話等等形態呈現的答案。

當你不想與人打交道時……

生命是為活著的人,這表示你還是要與人相處,
即使必須勉強自己重拾社交生活。

透過哀傷的過程,你很快就發現誰是你真正的朋
友,誰會撫慰和支持你。多花時間與這些人相
處,因為他們會接受那個尚未恢復的你。就算你
因哀傷而變得暴躁或憂鬱,他們還是一樣愛你。

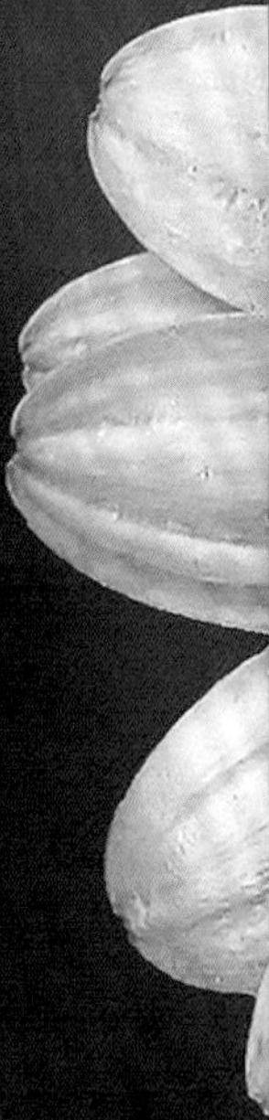

吃得健康！

你最近吃得好嗎？你愛的人對你最近的飲食會有什麼看法？你的身體是一份禮物，而且一輩子只會有這個身體。你愛的人雖然在天堂，他們希望你好好照顧自己的身體，注意攝取營養。因此請花點時間去附近的健康商店、餐廳或小農市場購買有機和未加工食品。你愛的人會在天堂微笑，因為你有好好照顧自己！

有時候，只需要換個衣服

你的家反映了你的心情。因此提振心情的方法之一便是打開窗簾、迎入陽光。如果天氣允許，打開窗戶讓流動的新鮮空氣清除家中累積的沉重氛圍。下床，洗個澡，換件衣服。只要一些簡單的步驟，就能為生活帶來正面的改變。

不要把失去看成是針對你

你愛的人沒有遺棄你。他/她的離開是有原因的，只因為他們的時候到了，跟你沒有關係。是的，他們的逝去令你痛苦萬分，使你的人生空虛失落，還增加了額外的負擔。但請相信，天堂一定會為你提供療癒和協助，可能是以奇蹟的形式，也可能是出現能幫助你的人。請敞開心，接受幫助。

在每一個重要場合……

你愛的人會陪你出席每一個重要場合，像是婚禮、畢業典禮、孩子的出生、家族聚會等等。把他們算在這些慶祝活動裡，認知到他們的靈魂陪伴在你身邊；在這些重要場合，你可以在心裡跟他們對話。

「為什麼會發生這種事？」

最終，所愛的人離世時留下的一切疑問都會得到解答。有一天，你會知道真相。在那之前，請允許自己接受未知和不確定。你現在不明瞭並沒有關係。

大家都樂意協助

你愛的人雖然在天堂，但他們會很高興你向他們求助。當你要做重要決定時，求助的層級愈高愈好，譬如向上帝或耶穌。不過，如果露西嬸嬸會做世界級的巧克力碎片餅乾，做餅乾時請她監看或幫忙一點也不奇怪。如果爸爸是修車高手或姊姊是園藝專家，也都可以向他們求助。

每個人都有專長——無論健在與否——他們都樂意提供協助……就算在天堂也不例外！

「帶我一起走！」

有時候，人們面對哀傷的反應是請上帝帶他們一起走。這種反應很正常，它源自憤怒、震驚和一種不公平的感受。請明白，你愛的人一直與你同在，但他們也許必須從生命的另一邊去完成他/她的靈魂任務，就像你必須在這一頭完成自己的任務一樣。每個靈魂都有來到這個世界和離開的特定時間。

今天就去Spa！

現在就是改變日常慣例的完美時機，你就是今天的主角！去Spa，去按摩或做臉。放自己一天假，好好寵愛自己。你可能也會發現買套新衣服會讓你心情變好，為你帶來一些些喜悅。

去旅行吧！

那個你一直想去卻拖著沒去的旅行，現在或許就是最佳時機。如果你不就這麼下決心，「生活」裡總會有事情出現來妨礙你的計畫。好好選個你一直想去的地方，然後做必要的安排，以便實現你的旅行願望。這會讓你的心能好好放個假，並讓你有時間跟嶄新的自己相處。

停止自責

當我們愛的人在看似非自然的情況或時間離開、自殺或走得太早，我們的第一個反應可能是責怪自己。我們會以為「如果當初我說了這句話或做了那件事，這一切就不會發生了。」事實並非如此。

每個靈魂都有自己的旅程，也都有要學習的課題。沒有人可以代替別人過對方的人生。你在當時做了最好的決定。請不要苛責自己。你已經盡力了。

為什麼別人不難過？

當我們陷入哀傷、情緒低落時，往往會奇怪為什麼別人不像我們這麼難過，質疑為什麼發生了如此痛徹心扉的事，他們還能如常生活。

每個人跟所愛的人的關係不同，面對失去的反應和表達也不同。只要知道，你愛的人雖然已在天上，他／她依然能理解你的悲傷，也能感受到你的愛。

來自天堂的硬幣

我們所愛的人的靈魂，會很積極地讓我們知道他們還「活著」、還在我們身旁，所以他們會用很多方式吸引我們的注意。其中一個最常見的方式就是在你可能看到的地方出現硬幣。下次當你又在非常奇怪的地方看到硬幣時，要知道那就是你愛的人在跟你說「哈囉」！

你愛的人會「發光」

這真的很令人興奮！你愛的人顯現自己的方式之一，就是透過出現在照片裡的能量形式，也就是我們所知的能量球（orbs）。你愛的人把集中的能量結構投射到你的相機，讓你知道他們陪伴著你。

下次當你感受到他們來到身邊時⋯⋯趕緊拍張照，看看照片上有沒有出現他們明亮的光。

重溫回憶

有一個很棒的方法可以懷念，同時也紀念你所愛的人，那就是整理你們在一起時的合照跟影片，然後發揮你的創意，把你們共度的時光做成光碟。每當你想重溫往日的美好，只要播放光碟；那裡有你們珍貴的共同記憶。

重整你的生活

當你的思緒被佔滿，覺得生活完全失控時，轉變心情最有效的方法之一便是整理和清理你的衣櫃、辦公室和生活環境。你會發現，在整理的過程當中，你很快會意識到生活中有很多事都在你的掌握。透過清理和移除不要的東西，你同時也創造了更多空間來迎接新的事物。（而且靈魂也喜歡在乾淨、輕鬆的環境跟你相伴！）

向你愛的人致意

你愛的人在天上完全知道你對他們的想念，而且他們也想念你。所以當你製作和分享懷念他們的紀念作品，例如剪貼簿、相本、歌曲和影片等等，這些小舉動都令他們深受感動。

擔任義工

很多哀傷的人發現，幫助他人會讓這段痛苦期好過一些。你也許可以考慮去慈善團體擔任義工。減輕傷痛的同時，也能幫助他人。

紀念獎學金

靈魂，尤其是那些英年早逝者的靈魂，總是想讓地球上的人擁有發揮最佳潛能的機會。很多時候，在世的親友會用已故者的名義設立獎學金或獎勵制度，這讓在天堂的他們非常開心，因為他們知道自己的離開改善了另一個人的地球人生經驗。

與靈魂有約

靈魂世界與我們密切相關，因此已故的親友會不斷要我們安心，他們現在活在一個很理想、充滿愛的地方。唯一的問題很可能是你不能聽到他們。因此，如果你願意的話，可以每天空出一段時間跟他們建立連結，白天或晚上都可以。只要確定每天必須是相同的時間，當然了，不要失約！約定的時間到時，準備好紙筆，閉上眼睛，做幾個深呼吸，聽聽他們想跟你分享的事。

「我的死並非毫無意義」

每當摯愛的親人離開這個世界，我們會問「為什麼？」我們很難參透死亡時機背後的意義。但隨著日子一天一天、一月一月、一年一年地過去，這個哀傷的經驗最終會被用來幫上另一個正經歷類似傷痛的人。

生命中沒有任何事要被視為理所當然。死亡與傷痛是有意義的。

療癒傷口

你是充滿力量與靈性的存在，只要下定決心，沒有你做不到的事。

永遠記得，破碎的心癒合後會比以前更堅強。你的情緒傷口將慢慢發展為你的人生養份。

現在，請想像自己走入一個身心靈的完美療癒空間。別忘了，烏雲背後總有一絲光芒，當走出黑暗，那道光會一直為你指引方向。

宇宙花園 **24**

靈魂小語——給失親者的話

How to Heal a Grieving Heart

作者：朵琳‧芙秋(Doreen Virtue)、詹姆斯‧范普拉(James Van Praagh)
譯者：駱香潔 / 張志華
出版：宇宙花園　通訊地址：北市安和路1段11號4樓
e-mail：gardener@cosmicgarden.com.tw
編輯：宇宙花園　美編：高鍾琪
印刷：金東印刷事業有限公司
總經銷：聯合發行股份有限公司 電話：(02)2917-8022
初版：2018年12月　定價：NT$ 360元
ISBN：978-986-97340-0-4
HOW TO HEAL A GRIEVING HEART

國家圖書館出版品預行編目 (CIP) 資料

靈魂小語：給失親者的話
朵琳‧芙秋 (Doreen Virtue)，詹姆斯‧范普拉 (James Van Praagh) 作；
駱香潔，張志華譯 . -- 初版 . -- 臺北市：宇宙花園，
2018.12　面；　公分 . --（宇宙花園；24）
譯自：How to heal a grieving heart
ISBN 978-986-97340-0-4（精裝）
1. 悲傷　2. 失落

176.5

107022505

哀傷支援

你不需獨自走過這段悲傷的歷程！
現在有許多社會資源提供喪親輔導、悲傷諮詢，
不論是個別、團體或家庭都有專業人員協助。

你可以聯繫醫療院所
或上網查詢相關資源（關鍵字：悲傷輔導）。

請允許自己哀傷並尋求支持。